A B C D E F G H I
J K L M N O P Q R
S T U V W X Y Z.

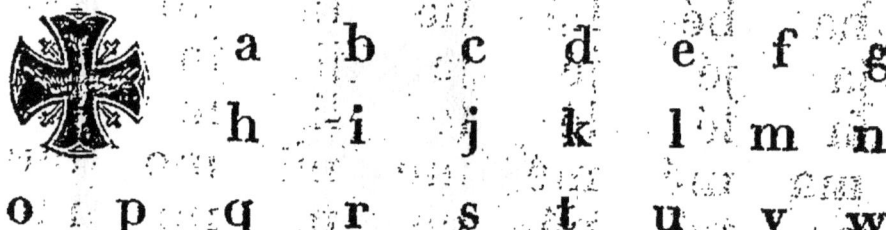

ct ct. et &. ſſ ff. ſi fi. ſſi ffi. ſi ſi.
ssi ſſi. fl fl. ſſl ffl. st ſt. ss ſſ.
ae æ. oe œ.

a	e	ê	i	o	u
ba	bé	bê	be	bi	bo	bu
ca	cé	cê	ce	ci	co	cu
da	dé	dê	de	di	do	du
fa	fé	fê	fe	fi	fo	fu
ga	gé	gê	ge	gi	go	gu
ha	hé	hê	he	hi	ho	hu
ja	jé	jê	je	ji	jo	ju
la	lé	lê	le	li	lo	lu
ma	mé	mê	me	mi	mo	mu
na	né	nê	ne	ni	no	nu
pa	pé	pê	pe	pi	po	pu
qua	qué	quê	que	qui	quo	quu
ra	ré	rê	re	ri	ro	ru
sa	sé	sê	se	si	so	su
ta	té	tê	te	ti	to	tu
va	vé	vê	ve	vi	vo	vu
xa	xé	xê	xe	xi	xo	xu
za	zé	zê	ze	zi	zo	zu

bla	blé	blê	ble	bli	blo	blu
bra	bré	brê	bre	bri	bro	bru
cla	clé	clê	cle	cli	clo	clu
cra	cré	crê	cre	cri	cro	cru
dra	dré	drê	dre	dri	dro	dru
fra	fré	frê	fre	fri	fro	fru
fla	flé	flê	fle	fli	flo	flu
gra	gré	grê	gre	gri	gro	gru
gla	glé	glê	gle	gli	glo	glu
pha	phé	phê	phe	phi	pho	phu
phla	phlé	phlê	phle	phli	phlo	phlu
pla	plé	plê	ple	pli	plo	plu
phra	phré	phrê	phre	phri	phro	phru
pra	pré	prê	pre	pri	pro	pru
spa	spé	spê	spe	spi	spo	spu
sta	sté	stê	ste	sti	sto	stu
tla	tlé	tlê	tle	tli	tlo	tlu
tra	tré	trê	tre	tri	tro	tru
vra	vré	vrê	vre	vri	vro	vru

L'Oraison Dominicale.

No tre, Père, qui, ê tes, dans, les, Ci eux, que, vo tre, Nom, soit, sanc ti fi é, que, vo tre, rè gne, ar ri ve, que, vo tre, vo lon té, soit, fai te, en, la, terre, com me, au, Ci el. Don nez-nous, au jour d'hui, no tre, pain, quo ti di en. Et, nous, par don nez, nos, of fen sés, com me, nous, par don nons, à, ceux, qui, nous, ont, of fen sés. Et, ne, nous, a ban don nez, point, à, la, ten ta tion. Mais, dé li vrez-nous, du, mal.

Ain si, soit-il.

La Salutation Angélique.

Je, vous, sa lue, Ma rie, plei ne, de, grâ ces, le, Sei gneur, est, a vec, vous. Vous, ê tes, bé nie, en tre, tou tes, les, fem mes, et, Jé sus, le, fruit, de, vos, en trailles, est, bé ni.

Sain te, Ma rie, Mè re, de, Di eu, pri ez, pour, nous, pau vres, pé cheurs, main te nant, et, à, l'heu re, de, no tre, mort.

Ain si, soit-il.

Le Symbole des Apôtres:

Je, crois, en, Dieu, le, Pè re, tout, puis sant, Cré a teur, du, Ci el, et, de, la, Ter re, et, en, Jé sus-Christ, son, Fils, u ni que, No tre-Sei gneur, qui, a, é té, con çu, du, Saint-Es prit, né, de, la, Vier ge, Ma rie, qui, a, souf fert, sous, Pon ce-Pi la te, a, é té, cru ci fié, est, mort, et, a, é té, en se ve li, est, des cen du, aux, en fers, le, troi si è me, jour, est, res sus ci té, des, morts, est, mon té, aux, Ci eux, est, as sis, à, la, droi te, de, Dieu, le, Pè re, tout puis sant, d'où, il, vien dra, ju ger, les, vi vans, et, les, morts.

Je, crois, au, Saint-Es prit, la, sain te, E gli se, ca tho li que, la, com mu ni on, des, Saints, la ré mis si on, des, pé chés, la, ré sur rec ti on, de, la, chair, la, vie, é ter nel le.

Ain si, soit-il.

La Confession des péchés.

JE, me, con fes se, à, Di eu, tout puis sant, à, la, bien heu reu se, Ma rie, tou jours, Vier ge, à, saint, Mi chel, Ar chan ge, à saint, Jean-

Bap tis te, aux, A pô tres, saint, Pier re, et, Saint, Paul, et, à, tous, les, Saints, par ce que, j'ai, beau-coup, pé ché, par, pen sées, par, pa ro les, et, par, ac ti ons. J'ai, pé ché, par, ma, fau te, par, ma, fau te, par, ma, très-gran de, fau te. C'est, pour, quoi, je, sup plie, la bien-heu reu se, Ma rie, tou jours, Vier ge, saint, Mi chel, Ar chan ge, saint, Jean-Bap tis te, les, A pô tres, saint, Pier re, et, saint, Paul, et, tous, les, Saints, de, pri er, pour, moi, le, Sei gneur, no tre, Di eu.

LES COMMANDEMENS DE DIEU.

1. Un seul Dieu tu adoreras et aimeras parfaitement.

2. Dieu en vain tu ne jureras, ni autre chose pareillement.

3. Les Dimanches tu garderas, en servant Dieu dévotement.

4. Père et mère honoreras, afin que tu vives longuement.

5. Homicide point ne seras, de fait ni volontairement.

6. Impudique point ne seras, de fait ni de consentement.

7. Les Biens d'autrui tu ne prendras, ni retiendras injustement.

8. Faux témoignage ne diras, ni mentiras aucunement.

9. L'œuvre de la chair ne désireras, qu'en mariage seulement.

10. Biens d'autrui ne désireras, pour les avoir injustement.

LES COMMANDEMENS DE L'ÉGLISE.

1. Les Dimanches, Messe entendras, et Fêtes de commandement.

2. Les Fêtes tu sanctifieras, qui te sont de commandement.

3. Tous tes péchés confesseras, à tout le moins une fois l'an.

4. Ton Créateur tu recevras, au moins à Pâques humblement.

5. Quatre-temps, Vigile jeûneras, et le Carême entièrement.

6. Vendredi, chair ne mangeras, ni le Samedi mêmement.

COURTES PRIÈRES

DURANT LA MESSE.

En entrant dans l'Eglise.

Que ce lieu est terrible et vénérable! C'est ici la Maison de Dieu et la porte du Ciel: faites, Seigneur, que je sois dans le respect, et que je tremble à la vue de votre Sanctuaire.

En prenant de l'Eau bénite, il faut faire le signe de la Croix, et dire:

Mon Dieu, répandez en moi l'eau

de votre grâce, pour me purifier de plus en plus, afin que les adorations que je viens vous présenter vous soient agréables.

Avant que la Messe soit commencée.

Je viens, ô mon Dieu! pour assister au saint sacrifice, donnez-moi votre grâce, afin que j'y assiste avec une foi vive, un amour ardent et une humilité profonde.

Pendant que le prêtre est au bas de l'Autel.

J'ai péché, mon Dieu: je ne suis pas digne de lever les yeux au Ciel, ni de regarder votre Autel pour vous adorer; mais que tous les Saints vous prient pour moi. Je vous demande grâce, mon Dieu tout puissant, faites-moi miséricorde, et accordez-moi le pardon de mes péchés, par Jésus-Christ Notre Seigneur.

Quand le Prêtre monte à l'Autel.

Père céleste, qui êtes Dieu, ayez pitié de nous. Fils Rédempteur du monde, qui êtes Dieu, ayez pitié de nous. Esprit-Saint, qui êtes Dieu, ayez pitié de nous.

Au Gloria in excelsis.

Je vous adore, ô Père céleste!

vous êtes le souverain Seigneur, le Roi du Ciel, le Dieu tout puissant. Je vous adore aussi, ô Jésus, mon Sauveur ! vous êtes le seul Très-Haut, avec le Saint-Esprit, en la gloire de Dieu le Père.

Pendant les Oraisons.

Dieu tout puissant, faites-nous la grâce d'avoir tellement l'esprit rempli de telles pensées, que toutes nos paroles et nos actions ne tendent qu'à vous plaire, par Jésus-Christ Notre Seigneur.

A l'Epître.

Faites-moi, ô mon Dieu ! la

grâce d'aimer votre sainte parole, d'en apprendre les vérités, et d'en pratiquer les préceptes, dès mon enfance.

A l'Evangile.

Seigneur, bénissez mon esprit, ma bouche et mon cœur, de sorte que mes pensées, mes paroles et mes actions soient réglées par votre Evangile, et que je sois toujours prêt à marcher dans la voie des saints Commandemens qu'il contient.

Au Credo.

Augmentez ma foi, Seigneur, rendez-là agissante par la charité, et faites-moi la grâce de vous être fidèle jusqu'à la mort, afin que je reçoive la couronne de vie.

A l'Offrande.

O Dieu! qui dites dans votre parole, donnez-moi votre cœur, je vous offre le mien; en même temps que le Prêtre vous offre ce pain et ce vin, je vous offre aussi mon corps. Faites que ce corps et cette âme soient une hostie vivante, sainte et agréable à vos yeux.

Lorsque le Prêtre lave ses doigts.

Lavez-moi, Seigneur, dans le sang de l'Agneau sans tache, pour effacer de mon corps et de mon âme les moindres taches de péché.

*A l'*Orate, Fratres.

Que le Seigneur veuille recevoir ce saint sacrifice pour sa gloire, pour mon salut et l'utilité de toute son Eglise.

A la Préface.

Elevez, Seigneur, mon cœur au Ciel, afin que je vous y adore avec les Anges, en disant comme eux : Saint, Saint, Saint, le Seigneur, le Dieu des armées ; les Cieux et la Terre sont remplis de la majesté de votre gloire.

Après le Sanctus.

Mon Dieu, défendez votre Eglise

contre tous ses ennemis visibles et invisibles ; conduisez, par votre grâce, notre saint Père le Pape, notre Evêque et les autres Pasteurs à qui vous avez confié le soin des âmes ; bénissez notre Roi et son auguste Famille, mes parens, mes bienfaiteurs et mes amis, et particulièrement N. N.

Il faut ici penser aux personnes pour qui l'on est obligé de prier.

Avant la Consécration.

Nous vous prions, Seigneur, que votre juste colère étant appaisée, vous receviez favorablement l'offrande que nous allons vous présenter ; donnez-nous la paix pendant le reste de nos jours, et mettez-nous au nombre de vos Élus.

A l'Élévation de la sainte Hostie.

C'est là votre corps, ô mon divin Sauveur! je le crois, parce que vous l'avez dit; j'adore ce corps sacré avec une humilité profonde, et je l'offre à votre Père pour mon salut.

A l'Élévation du Calice.

O précieux sang! qui avez été répandu pour nous sur la Croix, je vous adore, je vous crois véritablement dans ce calice; je suis prêt à répandre mon sang pour l'amour de vous, guérissez-moi, purifiez-moi, sanctifiez-moi.

Après l'Elévation.

Faites-moi la grâce, ô mon Dieu! de me souvenir toujours que ce corps sacré, qui est maintenant présent sur l'Autel, a été livré à la mort, et que ce divin sang qui est dans le précieux Calice, a été répandu pour mon salut, afin que je vous serve toute ma vie avec ardeur; souvenez-vous aussi de cette mort, afin que vous me pardonniez mes péchés avec miséricorde.

Au Memento *des Morts.*

Souvenez-vous, Seigneur, de vos serviteurs et de vos servantes qui sont morts dans la foi, et qui dorment du sommeil de la paix, et particulièrement de N. N.

Il faut ici penser aux Morts pour qui l'on doit prier.

Pardonnez-leur, ô mon Dieu ! le reste de leurs péchés, et leur accordez votre saint Paradis, afin qu'ils se reposent de leurs peines.

Au Nobis quoque peccatoribus.

Seigneur, ayez pitié de moi, qui

suis un misérable pécheur, et daignez, nonobstant mon indignité, m'accorder un repos éternel avec tous vos Saints.

A la seconde Élévation.

Recevez, mon Dieu, cette offrande du Corps et du Sang de votre Fils, et rendez-moi participant des mérites de sa mort. Père céleste, avec lui, par lui et en lui, vous appartiennent toute la gloire et la louange.

Au Pater noster.

Il faut dire : *Notre Père*, etc.

Après le Pater.

Délivrez-nous, Seigneur, par votre bonté, de tous les maux passés, présens et à venir, et assistez-nous du secours de votre miséricorde, afin que nous ne soyons jamais esclaves du péché.

*A l'*Agnus Dei.

Agneau de Dieu, qui effacez les péchés du monde, ayez pitié de nous.

Agneau de Dieu, qui effacez les péchés du monde, ayez pitié de nous.

Agneau de Dieu, qui effacez les péchés du monde, donnez-nous la paix.

Au Domine, non sum dignus.

Seigneur, je ne suis pas digne que vous entriez dans mon cœur, mais dites seulement une parole, et mon âme sera guérie.

O mon doux Jésus ! qui désirez si ardemment vous unir à nous, je vous ouvre mon cœur, pour vous y recevoir comme mon Sauveur et mon Dieu.

Lorsque le Prêtre communie.

Que votre Corps, ô mon divin Rédempteur ! et votre Sang précieux purifient mon corps et mon âme ; qu'ils me fortifient et me nourrissent sur la terre, jusqu'à ce que je sois rassasié de votre présence dans le ciel.

Après la Communion.

Mon Dieu, ne laissez pas rentrer dans mon âme le péché que vous en avez banni par le baptême, que Jésus-

Christ mon Sauveur vive toujours en moi, et que je sente sa divine présence, en faisant des actions conformes à celles qu'il a faites lorsqu'il étoit sur la terre.

A la Bénédiction.

Que Dieu tout puissant nous bénisse, le Père, le Fils et le Saint-Esprit. Ainsi soit-il.

A l'Évangile selon saint Jean.

Jésus, mon Sauveur, vous êtes le Fils unique de Dieu, vous êtes Dieu comme le Père et le Saint-Esprit. Cependant, pour nous sauver, vous êtes venu au monde, vous avez souffert la mort, vous vous rendez présent sur le saint Autel. O que vous nous aimez parfaitement! faites-moi la grâce de vous aimer de tout mon cœur, et de vous servir tous les jours de ma vie.

Après la Messe.

Seigneur, Jésus, qui avez dit: *Laissez venir à moi les Enfans:* je suis venu aujourd'hui près de votre saint Autel où je savois que vous deviez venir, et j'ai eu la consolation de vous y revoir: que je ne m'en retourne pas sans avoir eu la satisfaction de ressentir les effets de votre sainte bénédiction. Renvoyez maintenant votre serviteur en paix, puisque mes yeux ont vu mon Sauveur; bénissez-moi de telle sorte, que pendant les jours de ma jeunesse et pendant tout le cours de ma vie, je me souvienne de vous, qui êtes mon Créateur et mon Rédempteur, et que je prenne bien garde de vous offenser jamais, Jésus mon Sauveur, qui êtes aussi mon Dieu.

En retournant dans sa maison.

Tous les Anges et tous les Saints, bénissez le Seigneur, de ce qu'il a institué un sacrifice si admirable. Mon âme, bénissez-le aussi avec eux, et que ce qui est au-dedans de moi loue son saint Nom. Seigneur, mon Dieu, soyez béni de la grâce que vous m'avez faite de connoître cet auguste mystère et d'y assister aujourd'hui. O Dieu de bonté! qui multipliez sur moi vos faveurs les plus précieuses, je veux vous aimer de tout mon cœur, de toute mon âme, de toutes mes forces, je consens de souffrir toutes les misères, et même de mourir plutôt que de vous offenser jamais. Affermissez en moi une si sainte résolution. O Dieu! Père et Fils, et Saint-Esprit, auquel soit rendue toute la gloire, par les saints Anges et par les hommes, à présent et dans l'éternité.

PRIÈRE.
Pour l'Evêque du Diocèse.

O Dieu! qui veillez sur vos peuples avec bonté, qui les conduisez avec amour, donnez l'esprit de sagesse à votre serviteur N. notre Prélat, à qui vous avez confié le soin de notre conduite; faites que l'avancement spirituel des brebis fasse la joie éternelle du Pasteur.

Par Notre-Seigneur Jésus-Christ.

FIN.

LILLE.—Imprimerie de VANACKERE fils, Libraire de S. A. R. Monsieur le Dauphin, place du Théâtre, N.º 10.

www.ingramcontent.com/pod-product-compliance
Lightning Source LLC
Chambersburg PA
CBHW060727050426
42451CB00010B/1661